Os brasileiros e a Segunda Guerra Mundial

Francisco César Ferraz

Os brasileiros e a Segunda Guerra Mundial

ZAHAR

Para Inara, pela luz dos olhos teus.
Para Caio e Pedro, na esperança de que, um dia, leiam sobre guerras apenas nos livros de História.

Capa
Sérgio Campante

Vinheta da coleção
Ilustração de Debret

CIP-Brasil. Catalogação na fonte
Sindicato Nacional dos Editores de Livros, RJ.

Ferraz, Francisco César Alves
F433b Os brasileiros e a Segunda Guerra Mundial / Francisco César Ferraz. — 1ª ed. — Rio de Janeiro: Zahar, 2005.
il.

Inclui bibliografia
ISBN 978-85-7110-850-9

1. Guerra Mundial, 1939-1945 – Brasil. 2. Brasil – Política e governo, 1930-1945. I. Título.

CDD: 981.06
05-1213 CDU: 94(81)"1930/1945"

EDITORA SCHWARCZ S.A.
Praça Floriano, 19, sala 3001 — Cinelândia
20031-050 — Rio de Janeiro — RJ
Telefone: (21) 3993-7510
www.companhiadasletras.com.br
www.blogdacompanhia.com.br
facebook.com/editorazahar
instagram.com/editorazahar
twitter.com/editorazahar

FSC
www.fsc.org
MISTO
Apoiando o manejo florestal responsável
FSC® C128038

A marca FSC® é a garantia de que a madeira utilizada na fabricação do papel deste livro provém de florestas que foram gerenciadas de maneira ambientalmente correta, socialmente justa e economicamente viável, além de outras fontes de origem controlada.

Esta obra foi composta por TopTextos Edições Gráficas em Garamond e Rotis Semi Sans e impressa em processo sob demanda pela Um Livro sobre papel offset para a Editora Schwarcz a partir de 2024

Sumário

Créditos das ilustrações

1: Acervo CPDOC/FGV, CFa foto 033/1, 1º mai. 1937.

2: Reproduzido do periódico *Em Guarda* ano 1, n.12, 1942.

4: Acervo CPDOC/FGV, OA foto 262.

5: Reproduzido de *História do Exército Brasileiro*, 1972, publicação do Ministério do Exército.

6: Acervo CPDOC/FGV, HB foto 062/15.

7: Reproduzido de *Cinqüenta anos depois da volta*, de Octávio Costa (Rio de Janeiro, Expressão e Cultura, 1995).

E fomos à guerra

No início da noite de 15 de agosto de 1942, o vapor *Baependi* sulcava vagarosamente a costa do estado de Sergipe. Seus tripulantes e passageiros não podiam imaginar que entrariam para a história, da pior forma possível: como vítimas indefesas de uma guerra que até então parecia distante. A poucas centenas de metros dali, o comandante do submarino alemão *U-507*, o capitão-de-corveta Harro Schacht, ordenara o torpedeamento da embarcação mercante brasileira. Minutos depois, duas fortes explosões e o *Baependi* era posto a pique. Das 306 pessoas a bordo, morreram 215 passageiros e 55 tripulantes. Era uma ação de guerra, da maior guerra que a história da humanidade conheceria, e que envolveria, de uma maneira ou de outra, homens, mulheres e crianças dos cinco continentes.

Nos dias seguintes, outros navios foram atacados em águas territoriais brasileiras. Nas principais cidades do país, à medida que se informavam os ataques e se contabilizavam os mortos, grupos de manifestantes saíam às ruas, para protestar contra a agressão e pedir, em resposta, declaração de guerra contra o Eixo, aliança político-militar formada por Alemanha, Itália e Japão. Em 22 de agosto de 1942, o presidente Getúlio Vargas, após uma reunião com seu ministério, declarou estado de beligerância contra o Eixo. O Brasil estava na guerra.

Por que um país situado na periferia do mundo capitalista e sem política externa agressiva entrou nessa guerra? Como os brasileiros participaram desse conflito? Quais as conseqüências sociais, políticas e econômicas dessa participação? Essas são as três questões principais que nortearão este livro.

Ao respondê-las, estamos oferecendo também respostas a perguntas que, ao longo de mais de meio século, surgiam naturalmente sempre que se abordava o assunto: "O governo Vargas era mesmo pró-Eixo?", "Quem levou vantagem com a economia de guerra, no país?", "Os norte-americanos invadiriam o Nordeste brasileiro, se não houvesse um acordo diplomático?", "Foram mesmo os submarinos do Eixo que afundaram as embarcações brasileiras?", "Vargas enviou os brasileiros para a guerra em troca da construção da siderúrgica?", "Como foi o desempenho dos soldados brasileiros na Itália?", "O que aconteceu com os expedicionários, depois de seu retorno ao país?". O objetivo deste livro é oferecer um ponto de partida para a resposta a tais questões.

Uma guerra não muito distante

A guerra em que os brasileiros estavam se envolvendo já era, pela amplitude geográfica e pelo volume de recursos humanos e materiais envolvidos, a maior da história da humanidade. É mais correto dizer que não foram os brasileiros que foram à guerra, mas sim a guerra que chegou aos brasileiros.

A discussão das causas principais do conflito está fora dos objetivos deste livro, mas deve-se dizer que, embora tenha sido deflagrada "oficialmente" em 1º de setembro de 1939, com a invasão da Polônia pelas tropas alemãs, suas origens remontam às conseqüências da então chamada "Grande Guerra" de 1914-1918, às tensões provocadas pela competição entre os interesses estratégicos e econômicos das principais potências capitalistas e, não menos importante, à luta entre os defensores do comunismo e os que queriam sua contenção.

Em nenhum país essas tensões tornaram-se tão agudas como na Alemanha. Derrotados na Grande Guerra de 1914-1918, os alemães foram submetidos pelos vencedores à perda de territórios, ao pagamento de "reparações de guerra" e à redução de suas Forças Armadas.

Essas medidas provocaram ressentimentos em boa parte de sua população, e combinadas com as crises econômicas das décadas de 20 e 30 abriram espaço para a ascensão do Partido Nacional-Socialista Alemão dos Trabalhadores, o Partido Nazista (conhecido assim devido à pronúncia alemã das primeiras sílabas de *Nationatsozialistische Deutsche Arbeiter Partei)*, de extrema-direita. Desde a ascensão ao poder de seu líder máximo, Adolf Hitler, em 1933, os nazistas desenvolveram uma política de exaltação da nacionalidade germânica e de perseguição sistemática aos judeus e comunistas alemães, acusados de traírem a Alemanha na "Grande Guerra". Ainda segundo os nazistas, a Alemanha deveria, pela superioridade racial de seu povo, tornar-se a principal nação da Europa e do mundo. Para tanto, deveria desenvolver-se internamente, preparando-se para recuperar os territórios perdidos na guerra anterior e ocupar os territórios dos povos considerados inferiores, principalmente na Europa do Leste, e depois em várias partes do globo.

O país fortaleceu-se militar e economicamente, apesar das restrições dos tratados firmados após a "Grande Guerra". O governo nazista e seus métodos conquistaram admiração em vários lugares do planeta, inclusive no Brasil, especialmente entre aqueles que o viam como exemplo de sucesso no combate ao bolchevismo e no controle do conflito social. Os êxitos da diplomacia agressiva alemã, retomando territórios "perdidos" na guerra anterior, com a aquiescência de outras potências, como Inglaterra e França, combinavam-se com a mobilização de uma imensa e eficiente máquina de guerra, pronta para a ação rápida e decisiva. Para coroar tal preparação, desenvolveram um novo tipo de guerra, em que o movimento era o fator mais importante e contra o qual as trincheiras e casamatas fixas se mostrariam inúteis. Era a "*Blitzkrieg*", ou guerra-relâmpago, na qual o movimento vertiginoso de blindados se combinava com os ataques aéreos, desestruturando as defesas inimigas, suas linhas de comunicação e fontes de suprimentos, permitindo a chegada rápida das unidades de soldados da infantaria, dominando o terreno.

Assim, quando os primeiros tiros foram ouvidos na fronteira polonesa, em 1º de setembro de 1939, os alemães já tinham experimentado um processo de ocupação militar na Áustria e na Tchecoslováquia e possuíam uma máquina militar suficientemente forte para vencer rapidamente confrontos localizados. Em poucos dias os alemães venceram as resistências dos poloneses e os obrigaram à capitulação. Inglaterra e França haviam declarado guerra à Alemanha, mas não enviaram forças expedicionárias para o combate. Nessa fase, a guerra entre as potências estava restrita a um bloqueio marítimo britânico contra o fluxo de produtos importantes para o esforço bélico do inimigo.

O fornecimento desses produtos estratégicos foi a primeira modalidade de entrada dos países periféricos, como o Brasil, no conflito. Antes mesmo da guerra começar, já havia uma "corrida" pelo fornecimento preferencial e/ou exclusivo de produtos estratégicos, entre Alemanha, de um lado, e Estados Unidos e Grã-Bretanha, de outro.

A guerra continuava. Em 1940, em uma ofensiva ousada, a Alemanha invadia os Países Baixos e a França, forçava a rendição dos franceses e obrigava as tropas inglesas a retirarem-se atravessando o Canal da Mancha. A reboque desses sucessos alemães, a Itália invadia a França, entrando na guerra.

O próximo alvo alemão seria a Inglaterra. Entre 1940 e 1941, a aviação alemã bombardeou sistematicamente o sul do país, preparando uma possível invasão. Enquanto isso milhares de toneladas de suprimentos, carregados em navios nos Estados Unidos e Canadá com destino à sua aliada Inglaterra, sofriam ataques de submarinos alemães. Intensificava-se a Batalha do Atlântico, a princípio, na área de tráfego entre a Europa e a América do Norte. Milhares de tripulantes e centenas de milhares de toneladas de mercadorias tiveram no fundo do mar seu destino final.

Os sucessos iniciais alemães no continente e nas águas do Atlântico Norte preocupavam as autoridades norte-americanas. Embora preservando uma neutralidade formal, os Estados Unidos apoiavam abertamente a Inglaterra na guerra contra a Alemanha, e consideravam um ataque do Eixo ao continente americano uma possibilidade real.

Esses perigos se tornaram mais iminentes quando, em outubro de 1940, a Itália invadiu o Norte da África, a Grécia e os Bálcãs, abrindo nova frente de combate no mar Mediterrâneo. Os ingleses deslocaram tropas para a região e derrotaram os italianos, mas os alemães vieram em socorro destes e em poucos meses dominaram todo o Norte da África.

O domínio dessa região dava aos alemães uma vantagem estratégica muito grande, que atingiu seu clímax quando o general Pétain, presidente da França não-formalmente ocupada, autorizou-os a usarem as instalações aéreas e portuárias de Dakar, o ponto mais ocidental da África, na colônia francesa do Senegal. Naquele ano, as pouco mais de duas mil milhas que separavam a cidade senegalesa do ponto mais oriental da América do Sul podiam ser percorridas, por aviões, em oito horas. As ilhas entre os dois continentes (como Fernando de Noronha) poderiam ser usadas como aeródromos e bases para submarinos e vasos de guerra. A Batalha do Atlântico poderia ser intensificada, agora também nas águas do hemisfério sul.

Assim, a guerra chegava às Américas. Os cenários imaginados pelos estrategistas norte-americanos eram preocupantes. Um deles previa uma invasão alemã no litoral do Nordeste brasileiro, através de navios de transporte de tropas escoltados por esquadrilhas aéreas, vasos de guerra e submarinos. Essa tarefa seria facilitada pela existência de uma rede de espionagem nazista no continente, com o apoio das colônias alemãs no Sul do Brasil, na Argentina e no Uruguai. As defesas costeiras brasileiras eram notoriamente frágeis demais para contrapor qualquer resistência. Posicionados no Norte e Nordeste brasileiros, bem como nas Guianas francesa e holandesa, os invasores poderiam atacar facilmente o Canal do Panamá, ameaçando a circulação de bens e materiais estratégicos latino-americanos para os Estados Unidos e destes para seus aliados em todo o mundo. A Inglaterra, lutando sozinha contra o Eixo, também seria prejudicada, pois um controle alemão da "cintura fina" do Atlântico Sul estrangularia os suprimentos vindos das colônias africanas e asiáticas (ver figura 4).

Essas projeções podem parecer, aos olhos de um observador de hoje, irrealistas e paranóicas. Mas para seus contemporâneos, essas ameaças eram efetivas e possíveis de serem convertidas em realidade. E depois que, em dezembro de 1941, centenas de aviões japoneses, baseados em porta-aviões, atravessaram todo o Oceano Pacífico para atacar Pearl Harbor, o perigo parecia mais iminente ainda. Os Estados Unidos declararam guerra contra o Eixo, e exigiram uma tomada de posição dos demais países do continente americano. Não era mais possível ostentar neutralidade e, pressionada pelo vizinho mais poderoso, a maioria dos países latino-americanos rompeu relações diplomáticas com a Alemanha, a Itália e o Japão, ainda em janeiro de 1942, na Conferência de Chanceleres, no Rio de Janeiro.

O rompimento de relações desnudou o que restava da "neutralidade" brasileira. Desde o início das hostilidades na Europa, os governos latino-americanos já eram pressionados por militares e diplomatas dos Estados Unidos para autorizar o uso de bases aéreas e navais por suas Forças Armadas e para fornecer com exclusividade para os Aliados matérias-primas estratégicas. Pela sua localização privilegiada e pelos abundantes recursos agrícolas, extrativos e minerais, bem como pela sua importância política regional, o Brasil concentrava os principais esforços de negociação. Um choque de interesses evidenciou-se rapidamente: os norte-americanos queriam enviar militares seus para a construção, reforma, administração e proteção das bases, e o governo brasileiro, por seu lado, não queria receber soldados, mas sim armas e recursos norte-americanos para organizar sua própria defesa. Somente após meses de negociações pacientes de ambos os lados, no início de 1942 foi autorizado o uso das bases do Norte e do Nordeste brasileiros às Forças Armadas norte-americanas.

Dessa forma, o governo brasileiro, que desde o início da guerra manifestava sua neutralidade, aos poucos tornava-se aliado dos Estados Unidos, incluindo na pauta das discussões diplomático-militares não apenas a defesa de suas costas marítimas, mas também recursos para o seu desenvolvimento econômico, dos quais o país manifestava uma carência flagrante, ainda mais quando a guerra se tornara tão próxima. A guerra poderia ser, assim, o "atalho" para o desenvolvimento econômico e social de um país profundamente carente. Percorrê-lo, porém, foi muito mais difícil do que se esperava.

A diplomacia ambígua

Os possíveis acordos comerciais tornaram-se o centro da atenção das relações diplomáticas que Alemanha e Estados Unidos travavam com o Brasil, pelo menos até as vésperas da guerra. Essa competição serviu de estímulo para o aprofundamento das negociações a respeito das duas prioridades definidas pelo governo de Vargas, em relação à política exterior: a construção da siderúrgica e o fornecimento de armas e equipamento bélico para as Forças Armadas. Enquanto a diplomacia germânica acenava com a possibilidade de fornecer brevemente material de uso militar e construir a siderúrgica, em troca da ampliação dos negócios e da exclusividade de fornecimento de certos materiais, os representantes dos Estados Unidos, dependentes de negociações com empresários privados para a questão siderúrgica, e de autorização de um Congresso hostil a qualquer envolvimento na guerra, assistiam preocupados à aproximação brasileira com os alemães.

A divisão existente, dentro do governo brasileiro, entre os partidários da aproximação comercial e estratégica com os alemães e os da aproximação com os norte-americanos, ressaltava os dilemas do governo brasileiro em sua política externa. Seja por convicções ideológicas expressadas anteriormente, seja por pragmatismo em apoiar os vencedores da hora, seja por não confiarem na vontade e capacidade norte-americana de fornecer prontamente o equipamento bélico de que o país necessitava, as duas principais lideranças militares brasileiras, os generais Eurico Gaspar Dutra e Pedro Aurélio de Goes Monteiro, manifestavam apoio a um acordo com os alemães. No lado oposto, em nome do liberalismo e da unidade pan-americana, contra o crescimento da influência germânica, especialmente no Sul do país, estava o ministro das Relações Exteriores, Osvaldo Aranha, que defendia a aliança comercial e estratégica com os Estados Unidos. Compreendendo a fragilidade da soberania brasileira em uma situação internacional cambiante, que não perdoaria passos em falso, Getúlio Vargas tentava manter-se eqüidistante, até que a aproximação com os Estados Unidos se configurasse inevitável.

Nesse embate, o contexto da guerra tornava-se um elemento complicador, pois, para as autoridades norte-americanas, o perigo de ataque germânico nas posições estratégicas do Norte e do Nordeste brasileiros era real e imediato, enquanto que, para as lideranças militares brasileiras, o efetivo perigo estava no Sul do país, numa possível conjunção de invasão argentina com o apoio das expressivas colônias germânicas e italianas que viviam nos estados da fronteira meridional.

Desconfiados do filofascismo de algumas lideranças militares brasileiras, os norte-americanos protelavam o envio de armas e elaboravam projetos de ocupação militar do Norte e do Nordeste do país.

A questão siderúrgica também era postergada. O governo de Roosevelt deixava claro que o apoio ao projeto siderúrgico brasileiro deveria vir de investimentos privados norte-americanos. Estes, por sua vez, não estavam interessados em siderúrgicas num país que sempre lhes exportava minério de ferro para suas próprias usinas. Enquanto o impasse com os norte-americanos continuava, o governo brasileiro iniciava entendimentos com representantes alemães, que acenavam com o apoio total ao projeto siderúrgico e ao rearmamento do país, tão logo o conflito na Europa acabasse.

As desconfianças norte-americanas aumentaram significativamente com o discurso de Getúlio Vargas, em 11 de junho de 1940, a bordo do cruzador *Minas Gerais*. Falando para oficiais das Forças Armadas brasileiras, Vargas anunciava que o futuro pertenceria aos Estados fortes, livres do liberalismo estéril. O pronunciamento foi entendido como um apoio aos regimes fascistas da Europa, e provocou grande polêmica.

Apesar dos desmentidos, a repercussão do discurso de Vargas preocupou os estrategistas aliados. Autoridades norte-americanas entenderam que o preço a pagar pelo apoio definitivo do Brasil não era tão alto assim: alguns milhões de dólares em financiamento para a construção de uma usina siderúrgica e envio de armas direcionadas para a defesa de um ponto estratégico que lhes interessava diretamente. Para uma nação que já enviava centenas de milhões de dólares em material bélico e produtos de consumo para seus aliados na Europa, o acordo valia a pena, pelas vantagens estratégicas que lhe adviriam.

Assim, em setembro de 1940, foi assinado o acordo para a construção da siderúrgica, a ser instalada em Volta Redonda, no estado do Rio de Janeiro. O acordo liberava imediatamente 20 milhões de dólares, e mais 20 milhões seriam acrescentados posteriormente. Assessores técnicos colaborariam para o projeto e a construção da usina. A inauguração, prevista para 1944, somente ocorreu em 1946, com a guerra já terminada.

Durante décadas, a Companhia Siderúrgica Nacional (CSN) tornara-se o símbolo não apenas do início de uma nova fase na industrialização brasileira, mas do próprio apoio brasileiro aos Aliados na Segunda Guerra Mundial. Houve até quem dissesse, na década de 90, no calor das manifestações contra a privatização da CSN, que vendê-la seria vender o sangue dos brasileiros que tombaram nos campos de batalha da Itália.

Trata-se de um evidente exagero. O acordo para a construção da CSN, assinado em setembro de 1940, foi anterior em mais de um ano à própria entrada dos Estados Unidos na guerra (9 de dezembro de 1941), ao rompimento brasileiro de relações diplomáticas com os países do Eixo (31 de janeiro de 1942) e quase dois anos anterior à declaração de estado de beligerância entre Brasil e Alemanha (22 de agosto de 1942). Embora o acordo para a siderúrgica tenha realmente indicado para que lado o Brasil poderia pender na guerra, o país permanecia professando, na prática, uma neutralidade ambígua que exasperava as autoridades estratégicas norte-americanas.

Na verdade, mais do que o acordo que permitiu a criação da CSN, foram o fluxo contínuo e exclusivo de matérias-primas estratégicas para os Estados Unidos e a cessão das bases do Norte e do Nordeste que envolveram o Brasil definitivamente no conflito.

O *front* interno

Se as pressões diplomáticas das potências beligerantes lembravam o governo brasileiro que em breve chegaria o dia no qual a opção por um dos lados combatentes seria inevitável e irreversível, para a maioria esmagadora da população brasileira o impacto da guerra foi indireto e distante. A rigor, a guerra foi sentida pelo cidadão comum de duas maneiras: a) através das estratégias do governo do Estado Novo de constituir um "*front* interno", no qual se visava a mobilização dos trabalhadores pela defesa do país e pelo aumento da produção; b) através da escassez e do encarecimento de produtos de consumo cotidiano, devido às dificuldades de importação e à especulação com os preços dos gêneros de primeira necessidade.

Para as autoridades do Estado Novo, qualquer forma de envolvimento na guerra poderia produzir repercussões perigosas para a sobrevivência do próprio regime. Afinal, sua situação era anômala: nos princípios e nas práticas, mais se assemelhava aos fascismos que aos regimes democráticos; no entanto, na guerra, se via na contingência de aliar-se cada vez mais às democracias liberais.

A solução encontrada foi original: no âmbito externo, apoiava os Aliados, em nome da democracia e das liberdades; no âmbito interno, em nome da mesma defesa da democracia e das liberdades, mantinha-as restringidas, estimulando a mobilização popular contra os inimigos "totalitários" e pelo aumento da produção (a "Batalha da Produção"), sem contudo ameaçar o regime.

Assim, ao mesmo tempo que o governo brasileiro direcionava sua posição na guerra, procurava organizar o "*front* interno" de tal maneira que as privações econômicas e a maior exploração do trabalhador pudessem ser aceitas pela população como uma parte inevitável do "esforço de guerra".

Uma das missões exigidas do combatente do "*front* interno" era estar vigilante contra possíveis atos de espionagem e sabotagem do esforço de guerra nacional. Os membros das colônias alemãs, italianas e japonesas, bem como seus descendentes, tornaram-se, aos olhos da população, suspeitos em potencial. Foram obrigados a portarem salvo-conduto especial para circularem pelas cidades do país e tornaram-se alvos constantes de denúncias, na maioria das vezes infundadas. Rixas antigas, preconceitos e mesmo cobiças pessoais geraram muitas dessas denúncias.

A eficiência dessas práticas, na luta contra os atos de espionagem do Eixo e na captura de seus agentes, foi pequena. Os verdadeiros responsáveis por investigar e combater tais atos, os aparelhos policiais brasileiros, não o fizeram com afinco. Especializados em "caçar" comunistas e anarquistas, esses aparelhos abrigavam centenas de adeptos do integralismo e simpatizantes dos regimes fascistas. Freqüentemente faziam vista grossa para as ações de alguns brasileiros (geralmente integralistas) e cidadãos de países do Eixo que enviavam informações estratégicas para seções de espionagem alemãs.

Além da vigilância contra os inimigos "internos", a população brasileira deveria estar disposta ao sacrifício patriótico de produzir mais para o esforço de guerra nacional.

Em 28 de setembro de 1942, pouco menos de um mês depois da declaração de guerra, o Governo Federal criou a Coordenação de Mobilização Econômica, órgão que deveria dirigir a mobilização de todos os recursos nacionais para a guerra.

Essa mobilização compreendia o esforço de aumentar a produção nacional, especialmente de matérias-primas agrícolas e minerais para o consumo dos Aliados. Era a "Batalha da Produção". Materiais estratégicos tinham sua produção ou extração intensificadas, como manganês, bauxita, cobalto, tungstênio, níquel, berilo, cromo, cobalto, cristais de quartzo, diamantes industriais, borracha, babaçu, cera de carnaúba e óleo de mamona. Outros produtos tradicionais da pauta brasileira de exportações, como o café, o cacau e o açúcar, também tinham como destino preferencial, quando não único, os Estados Unidos. Estes investiram pontualmente na melhoria das estruturas de produção e transporte desses setores, pois eram precários, quando não inexistentes.

O produto paradigmático desse esforço nacional foi a borracha. Entre 1941 e 1942, os japoneses invadiram e dominaram os principais centros produtores de borracha na Ásia. Os Aliados precisavam do produto, que consumiam intensamente em seu esforço bélico, e voltaram suas atenções para a borracha amazônica. O Brasil, que perdera os mercados mundiais de borracha desde o início do século, exatamente para as colônias européias do Sudeste Asiático, tinha estagnado sua produção desde então. Para intensificá-la e organizar o envio do látex para as indústrias de borracha em seu país, o governo norte-americano criou a *Rubber Reserve Company*. O recrutamento de trabalhadores para a extração do látex nos seringais amazônicos atraiu milhares de alistados, principalmente da região Nordeste do país, abalada por uma das piores secas do século, entre 1941 e 1942. Não há consenso em relação ao número de trabalhadores deslocados para a "Batalha da Borracha", mas pode-se estimar que não menos de 20 mil homens deixaram suas regiões para aventurar-se na produção da borracha amazônica, muitos deles levando consigo suas famílias.

Contudo, os sonhos de prosperidade e aventura não foram bem-sucedidos. Muitos não se adaptaram ao tipo de trabalho e ao ambiente inóspito da floresta; as relações de trabalho eram as piores possíveis, acabando os trabalhadores como dependentes dos comerciantes de borracha, havendo inclusive casos mal disfarçados de escravidão por dívidas. As doenças tropicais e a violência privada dos comerciantes e intermediários tornaram a vida dos "soldados da borracha" um inferno. Calcula-se que a metade dos trabalhadores recrutados pereceu anonimamente na selva.

A produção de borracha acompanhou o insucesso de seus trabalhadores. Das 35 mil toneladas por ano aguardadas pelos Aliados, apenas 22 mil foram produzidas. Quando a guerra acabou, reduziu-se drasticamente a demanda pela borracha amazônica. Como não foram realizados investimentos na infra-estrutura econômica da região, a Amazônia retornou à sua letargia de antes da guerra. E aqueles milhares de trabalhadores que acreditaram nos anúncios da aventura amazônica e sobreviveram às dificuldades da "Batalha da Borracha" ficaram abandonados à sua própria sorte.

A guerra significou mudanças também no cotidiano dos trabalhadores nas cidades. O decreto de mobilização nacional para a guerra incluía o trabalho humano como recurso mobilizável. Os trabalhadores seriam, assim, os "soldados da produção", expressão que Vargas utilizou em discurso comemorativo ao 1º de maio, em 1944.

Isso significava, na prática, uma militarização da relação entre capital e trabalho, com óbvia desvantagem para este último. Vários direitos trabalhistas conquistados anteriormente, como a limitação da jornada de trabalho e o pagamento de adicional por horas extras, foram suspensos em nome da "Batalha da Produção". Alguns setores econômicos, como a indústria têxtil, foram considerados "de interesse militar", e as relações de trabalho atenderam à mobilização nacional e não à legislação trabalhista existente. Faltas poderiam ser consideradas "deserções", greves poderiam ser consideradas "motins", e seus responsáveis julgados e punidos em tribunais militares.

Um dos efeitos práticos dessas medidas foi "legalizar" a superexploração do trabalho em nome da mobilização nacional para a guerra; em alguns casos, como na indústria têxtil, aumentaram os abusos que já eram praticados "de fato", a despeito das leis trabalhistas existentes. Como conseqüência direta, ampliou-se a margem de acumulação de capital dos industriais brasileiros que tiveram seus ramos fabris considerados "estratégicos". No entanto, deve-se sublinhar que, além da militarização das relações de trabalho, o setor industrial brasileiro foi beneficiado também com o aumento dos preços no mercado interno e externo, provocados tanto pelas dificuldades de importação quanto pela abertura de canais de exportação que, em condições normais, jamais seriam abertos, pela baixa competitividade, em termos de qualidade e preço, dos produtos industrializados no Brasil.

A acumulação de capital e o crescimento relativo da indústria brasileira foram, contudo, artificiais, condicionados pela conjuntura da guerra. Ao contrário do que se costuma pensar, não houve no Brasil, durante a guerra, uma política cambial favorável para a importação de máquinas e equipamentos industriais que aperfeiçoassem os processos produtivos. Sem a importação e/ou a reposição de bens de capital, o maquinário das indústrias permaneceu sucateado, e quando o conflito terminou, a diferença tecnológica entre as potências industriais (que continuaram produzindo para os esforços nacionais de guerra) e a indústria brasileira ampliou-se brutalmente.

O aumento do custo de vida foi a contrapartida para as classes trabalhadoras. Produtos que antes da guerra eram destinados ao mercado interno e que durante o conflito eram requeridos para exportação tiveram seus preços inflacionados. Com as dificuldades de importação, o consumo de alguns produtos foi racionado, como no caso dos combustíveis e do trigo. Registrou-se também o desabastecimento de gêneros alimentícios, provocados por comerciantes e intermediários que os estocavam e especulavam com a escassez, para auferir mais lucros. Na "economia de guerra" brasileira, portanto, uma parte dos industriais e comerciantes pôde lucrar e acumular capitais com a privação dos consumidores e com os rendimentos excedentes da superexploração dos trabalhadores. Para estes últimos, como consumidores e produtores de riquezas, a guerra significou um conjunto de privações e dificuldades cotidianas.

Assim, a demanda externa garantida, o crescimento do volume e dos itens exportáveis, as restrições à importação e a especulação interna com a escassez permitiram à economia brasileira acumular reservas expressivas. Porém, quando a guerra acabou, os benefícios do capital acumulado não se concretizaram, pois a maior parte deste era composta de títulos de dívida, e não de moeda conversível.

Durante décadas foram propagados os mitos de que a política de Vargas durante a guerra tinha sido industrialista e que os capitais acumulados durante o período de "substituição de importações" foram dilapidados, no governo seguinte, com a importação desmedida de bens supérfluos. Essas acusações caem em ruínas quando cotejadas com estudos recentes, que ressaltam que durante a guerra a política cambial seguiu favorecendo o setor agroexportador, e não o industrial, e que depois da guerra não havia tanto capital acumulado assim. Tampouco o pequeno volume de capital realmente acumulado em moedas estrangeiras conversíveis foi consumido predominantemente em Cadillacs e outros bens supérfluos. Na verdade, a economia brasileira não somente não diminuiu, como ampliou sua dependência estrutural do capitalismo mundial, sob a hegemonia norte-americana. E agora, além do imperialismo econômico, havia o recém-chegado imperialismo cultural, intensificado durante a guerra pela política de "boa vizinhança" com os Estados Unidos.

"Boa vizinhança"

No esforço de conquista de alianças para a guerra, os Estados Unidos intensificaram sua política de "boa vizinhança". Seus fundamentos eram o intercâmbio econômico, político e cultural entre os Estados Unidos e seus vizinhos latino-americanos, a defesa da autodeterminação dos povos e a constituição de uma política conjunta entre os países do continente.

Na verdade, essa política é anterior à guerra. Até o final da década de 20, a política norte-americana para seus vizinhos ao sul consistia no "*Big Stick*" ("grande porrete"). Em poucas palavras, significava o uso da intervenção armada como *ultima ratio* para a resolução de problemas. A nova postura diplomática visava pôr fim às intervenções armadas explícitas, através do estímulo ao intercâmbio econômico e da constituição de política hemisférica comum às Américas.

Com a iminência da guerra, o Departamento de Estado norte-americano se preocupava com as alianças políticas no continente. Nas conferências de chanceleres de Lima (1938), Panamá (1939) e Havana (1940), a participação norte-americana teve o objetivo de ampliar o pacto de segurança continental e garantir uma "neutralidade" favorável aos seus objetivos estratégicos.

Essa política de alianças, baseada na "boa vizinhança", deveria ir além de seus aspectos diplomáticos e econômicos. Deveria abranger também o campo cultural, em sentido amplo. Assim, os principais objetivos da política externa norte-americana para com seus "bons vizinhos" continentais não se limitariam a garantir uma liderança política sem contestações nas Américas, ampliar a integração econômica em favor dos Estados Unidos, diminuir o espaço das relações comerciais com outros países europeus e suprimir as influências do Eixo no continente, mas também incluía a disseminação do *American Way of Life*, através da divulgação dos valores culturais e ideológicos do capitalismo liberal norte-americano.

À medida que a sombra da guerra se espalhava pela Europa e atingia o Norte da África, e o Eixo conquistava cada vez mais simpatizantes na América do Sul, os esforços norte-americanos para garantir o apoio latino-americano às suas políticas iam sendo ampliados. Em agosto de 1940, foi criado o Office for Coordination of Commercial and Cultural Relations Between the American Republics, mais tarde rebatizado de Office of the Coordinator of Inter-American Affairs. Informalmente, ficou conhecido como "Birô Interamericano" ou simplesmente "Birô", e tinha sede no Rio de Janeiro. Suas funções eram promover medidas para estimular a recuperação das economias da América Latina e produzir programas de educação, cultura e propaganda que disseminassem os valores norte-americanos de maneira a garantir não apenas a proeminência política, econômica e militar dos Estados Unidos, mas também a cultural.

O "Birô" era apoiado por grandes empresas privadas norte-americanas e não economizou recursos nem esforços. Das medidas de "boa vizinhança" empreendidas, as mais visíveis foram aquelas de caráter cultural.

Hollywood "descobriu" a América Latina e vários filmes foram feitos utilizando suas temáticas, cenários e atores. No Brasil, a presença de Carmen Miranda em películas de Hollywood, a criação do personagem "Zé Carioca", por Walt Disney, e a produção nunca acabada de um filme do cineasta Orson Welles tornaram-se as "contribuições" mais notórias. No ritmo do esforço de guerra, procedeu-se a uma crescente monopolização norte-americana das agências de notícias e meios de radiodifusão. Intercâmbios culturais e científicos e implantação de programas de educação e saneamento básico nas localidades carentes complementavam a "aliança" e proporcionavam-lhe um caráter mais humanitário.

Contudo, por mais que se apresentasse como uma via de mão dupla, na verdade a política de "boa vizinhança" consistiu na disseminação unilateral de valores e produtos de consumo norte-americanos. O intercâmbio ressaltava mais ainda a distância entre o desenvolvido vizinho do norte e os exóticos países do sul. A essência de todos os programas de intercâmbio era clara: os norte-americanos eram aqueles que ensinariam os irmãos latinos a crescerem e se desenvolverem como nações, em todos os sentidos: politicamente, com a difusão dos ideais democráticos em países com tradições ditatoriais; economicamente, com o melhor aproveitamento dos abundantes recursos naturais e humanos do continente, sem os entraves dos nacionalismos estéreis e dos excessos de intervenções estatais, contrárias ao progresso do livre comércio e da livre iniciativa; socialmente, com as lições de como melhorar a educação, os padrões de higiene e saúde e como desfrutar um padrão de vida melhor. O *American Way of Life* encontrava, ao sul do Rio Grande, alunos atentos e aplicados. Enquanto isso, a contrapartida latino-americana, e do Brasil em particular, era enviar seus recursos materiais estratégicos e oferecer suas culturas nacionais "exóticas" para o entretenimento fugaz das massas consumidoras norte-americanas. A curta duração desse intercâmbio mostra quão pragmática, para os Estados Unidos, foi essa aproximação. Quando a guerra acabou, a presença da cultura latino-americana nos Estados Unidos praticamente desapareceu e os estereótipos pouco edificantes voltaram a preencher as telas do cinema, as páginas de jornais, revistas e livros e a própria política externa do país.

Fora da área econômica, política e estratégica, as principais conseqüências, para o Brasil, dessa política de "boa vizinhança", foram, por um lado, a consolidação do imperialismo cultural, principalmente com a difusão dos produtos da indústria de entretenimento e, por outro, a instituição definitiva do norte-americanismo como paradigma cultural, em substituição ao paradigma europeu (principalmente o modelo francês, até então padrão de "civilidade" cultural das elites urbanas do país).

1. No sul do Brasil, grupos das colônias alemãs manifestavam abertamente seu apoio ao regime de Hitler. O governo de Vargas, que mostrava certas tendências fascistas, manteve durante muito tempo uma ambigüidade nas negociações diplomáticas, aproximando-se ora dos Estados Unidos, ora dos alemães.

2. Manifestação em favor da entrada na guerra, 1942. Campanhas de mobilização do "*front* interno" foram deslanchadas, convocando a população para contribuir com o aumento da produção industrial, o que passou a ser caracterizado como um "esforço de guerra".

Fonte: Duarte, Paulo de Q. *Dias de guerra no Atlântico Sul*. Rio de Janeiro: BibliEx, 1968, p.212.

3. O primeiro navio mercante brasileiro a ser atingido em águas nacionais foi o *Comandante Lyra*, em maio de 1942. Em 15 de agosto, o *Baependi*, o *Araraquara* e o *Aníbal Benévolo* foram afundados, provocando a morte de 551 pessoas. Os alvos seguintes foram o *Itagiba* e o *Arará*, elevando em 56 o número de vítimas fatais. Muitos outros foram atingidos, tanto em nossa costa como em águas internacionais.

4. Em resposta ao ataque de submarinos alemães contra navios brasileiros na costa do Nordeste, Vargas, à frente de seu ministério, declara guerra contra o Eixo, em 31 de agosto de 1942.

5. O Nordeste brasileiro representou uma posição estratégica durante a guerra, pois permitia driblar a supremacia alemã nos mares do Atlântico Norte, nos primeiros anos da guerra. A proximidade com o extremo ocidental da África fez da região ponto central na rota de abastecimento dos Aliados na Europa.

6. A cobra fumou: apesar das dificuldades de seleção e treinamento e da descrença de parte da população, a FEB finalmente chega aos campos de batalha na Itália e participa ativamente do combate.

7. Em abril de 1945, pouco após a conquista de Montese, os expedicionários brasileiros conseguem forçar a rendição de uma divisão inteira do exército alemão, de 15 mil homens – feito bastante incomum. Aqui, um sargento brasileiro vigia alguns dos prisioneiros.

Bases no Nordeste

De todos os lugares do Brasil, o que mais sentiu o impacto da presença física e cultural norte-americana foi a cidade de Natal, no Rio Grande do Norte. Milhares de soldados e oficiais norte-americanos passaram pela capital potiguar, ou mesmo residiram temporariamente na cidade, que durante a guerra ficou conhecida como o "Trampolim da Vitória".

Situada no extremo oriental da América do Sul, Natal constituiu-se em um ponto de concentração das rotas aéreas e marítimas dos Aliados, ligando as Américas à Europa, à África e às costas do Oceano Índico. Com as vitórias alemãs no Norte da África e seus sucessos com o bloqueio submarino na Batalha do Atlântico (ameaçando o fluxo de suprimentos e materiais estratégicos à Grã-Bretanha), o domínio dos pontos extremos dos continentes africano e americano — Dakar e Natal — permitiria posição privilegiada nos combates do Atlântico Sul. Isso era vital para reverter os reveses aliados na África, preservar suas linhas de suprimento a salvo de ataques do Eixo e, principalmente, manter a guerra longe do continente americano. Assim, durante a guerra, a cidade foi considerada um dos quatro pontos de maior importância estratégica no mundo, ao lado do Canal de Suez e dos estreitos de Gibraltar e Dardanelos.

Antes mesmo da guerra começar, sua posição estratégica chamava a atenção do Departamento de Estado norte-americano, que percebia a fragilidade brasileira em defendê-la, em caso de ataque ou invasão. Por sua vez, o governo brasileiro não admitia que tropas norte-americanas estacionassem na região, solicitando armas e recursos para aperfeiçoar sua própria defesa. Como foi sublinhado anteriormente, não havia confiança das autoridades norte-americanas na cúpula militar brasileira, e o envio de armas era protelado.

Com o domínio alemão no Norte da África, os responsáveis pela política estratégica dos Estados Unidos aumentavam as pressões para garantir a segurança do Norte e do Nordeste brasileiros, por um lado, e ampliar o tráfego aéreo pela região, sob controle dos Aliados, por outro. Nesse sentido, a conquista progressiva das rotas aéreas comerciais, através da Panair do Brasil, foi decisiva.

Não foi uma tarefa fácil. Até o final da década de 30, as principais rotas aéreas nacionais e internacionais do Brasil estavam sob controle de empresas de propriedade do Eixo (Condor, subsidiária da Lufthansa alemã, e LATI, italiana) ou com expressiva participação de capital alemão (Varig e Vasp). A única exceção era a subsidiária da Pan-American Airlines, a Panair do Brasil, com menos abrangência e rotas que as concorrentes. Desde o início da guerra, evidenciou-se a participação das empresas ligadas ao Eixo no transporte de materiais de interesse bélico (diamantes industriais contrabandeados, por exemplo), na circulação de integrantes de redes de espionagem e mesmo no envio de informações estratégicas a submarinos e navios do Eixo.

Para combater tal situação, a estratégia norte-americana consistiu em duas ações: pressionar para a extinção progressiva da influência de países do Eixo no espaço aéreo brasileiro, transferindo as linhas e rotas para a Panair do Brasil, e conseguir a autorização do governo brasileiro para a construção, reforma e utilização de aeroportos e campos de pouso nas regiões Norte e Nordeste. O comportamento não muito "neutro" das empresas ligadas ao Eixo contribuiu para a redução de seu poder no espaço aéreo do país, e no início da década de 1940 o governo brasileiro tomou várias ações para "nacionalizar" as rotas, restringindo a brasileiros a tripulação dos aviões e o controle de tráfego aéreo.

Por sua vez, com o apoio financeiro do Departamento de Estado norte-americano, através do Programa de Desenvolvimento de Aeroportos, e a autorização do governo brasileiro, a Panair do Brasil construiu, reformou ou equipou vários campos de pouso e bases aéreas nos trechos brasileiros do percurso entre América Central, Antilhas e Natal.

Se o espaço aéreo brasileiro foi "conquistado" de maneira gradativa e pacífica, a entrada e o estacionamento de militares dos Estados Unidos para garantir a operação e a segurança das bases foi uma outra história.

A resistência dos militares brasileiros em autorizar a presença maciça de fuzileiros norte-americanos nas bases era grande. Além disso, os Estados Unidos não confiavam na capacidade brasileira de defender-se de um ataque alemão. Tanto assim que membros do Departamento de Guerra norte-americano incluíram a ocupação do Norte/Nordeste brasileiros em seus planos militares para o continente, entre 1941 e 1942. O primeiro plano, batizado de *Rainbow*, foi elaborado em agosto de 1939, antes mesmo da guerra irromper na Europa. Previa o estacionamento de tropas em Natal e Fernando de Noronha. Meses depois, foi criado outro plano, *Pot of Gold*, que previa uma força expedicionária de cem mil soldados, distribuídos em vários pontos estratégicos do Norte, Nordeste e Sudeste do país. Entre 1940 e 1941, os alemães conquistaram espaços estratégicos no Norte da África, inclusive a utilização de Dakar como base de submarinos, mas a resistência do governo brasileiro continuava. Tal situação estimulou a usina de planos do Departamento de Guerra norte-americano, que nestes dois anos desenvolveu mais quatro planos (*Rainbow* II, III, IV e V). Esses planos só não foram executados porque precisavam de autorização presidencial, e Roosevelt, assim como os Departamentos de Estado e da Marinha, apostavam na solução diplomática, com um acordo de cessão das bases estratégicas em troca de armamentos para as Forças Armadas brasileiras e financiamentos para infra-estrutura de transportes.

Na verdade, enquanto as negociações eram entabuladas, o pessoal norte-americano operando nas bases brasileiras aumentava lenta mas progressivamente, com a anuência de Vargas. O ataque japonês a Pearl Harbor, em dezembro de 1941, tornou o processo irreversível. Quatro dias depois, uma pequena esquadrilha de hidroaviões pousava em Natal, desembarcando militares norte-americanos para o controle e segurança da base. Na prática, era apenas a consolidação de um fato já criado: desde meados de 1941, as bases brasileiras já serviam de ponto de trânsito de materiais estratégicos (principalmente aviões) e pessoal militar para os Aliados.

Dessa maneira, entre 1942 e 1945, a Base Aérea de Parnamirim tornou-se o núcleo do transporte aéreo e da vigilância dos Aliados no Atlântico Sul. Essa base chegou a ostentar, em 1943, o título de aeroporto mais movimentado do mundo, com até 800 operações diárias de pouso e decolagem. Sem esse apoio, o fluxo de recursos materiais e humanos para as bases aliadas na Europa, África e Oceano Índico estaria estrangulado. Além das Forças Armadas norte-americanas, a recém-criada Força Aérea Brasileira (FAB) e a Marinha de Guerra também utilizavam as bases no Norte e no Nordeste. Dentro de suas limitações materiais, participaram de patrulhamentos e comboios de proteção a embarcações mercantes no litoral brasileiro.

Então com 50 mil habitantes, Natal tornou-se uma das cidades mais movimentadas e cosmopolitas do Brasil. Sua população dobrou, e chegou a ter cinco mil militares em trânsito e cinco mil estacionados na cidade. Estrelas de Hollywood, de passagem para os Teatros de Operações na África e Europa, apresentavam-se no teatro local. Durante a guerra, foi construída em Natal a primeira fábrica de Coca-Cola da América Latina. No entanto, foi um movimento ilusório. Depois do fim da guerra, os norte-americanos deixaram as bases, as cidades e suas instalações. Em todo o litoral do Norte e Nordeste, onde haviam sido instaladas bases dos Aliados, praticamente nada foi deixado. Assim como aconteceu com a produção e exportação de materiais estratégicos para a guerra, não houve um impulso ou estímulo para o desenvolvimento regional, e as cidades que prosperaram durante a guerra acabaram retornando ao seu cotidiano quase secular.

Sangue no mar

A presença constante de aeronaves e vasos de guerra norte-americanos no Norte e no Nordeste brasileiro, desde 1940, colocava em xeque a neutralidade formal brasileira. Depois do ataque a Pearl Harbor e das declarações de guerra do Japão e da Alemanha aos Estados Unidos, o caminho para o envolvimento do continente não tinha mais volta. Com a ativa participação da diplomacia brasileira, os países latino-americanos romperam relações com os países do Eixo, na Conferência do Rio de Janeiro, em janeiro de 1942, apesar das advertências das autoridades alemãs de que tal rompimento seria considerado um ato de hostilidade direta do país.

Romper relações significava mais do que fechar embaixadas e consulados. Em um ambiente de guerra, condicionavam-se o comércio e as tarefas de defesa interna aos interesses da coligação aliada. Cidadãos dos países com os quais as relações foram rompidas poderiam sofrer, nesses territórios estrangeiros, dificuldades e mesmo perseguições. O apoio mais explícito a um dos beligerantes tornaria a nação uma inimiga em potencial da outra. A diferença entre essa situação e a declaração de guerra estava em uma agressão direta. Bastava o primeiro tiro.

E não tardou a acontecer. Os navios mercantes brasileiros, carregados de produtos que poderiam servir ao esforço de guerra aliado, seriam alvos potenciais. Entre fevereiro e agosto de 1942, doze embarcações mercantes brasileiras foram afundadas por submarinos do Eixo em águas internacionais (litoral norte-americano, Caribe e Guianas), causando 133 mortes.

O litoral brasileiro logo seria incorporado diretamente na guerra. Em maio de 1942, um submarino italiano (*Barbarigo*) atacou o mercante *Comandante Lyra* nas proximidades de Fernando de Noronha. O navio foi socorrido a tempo por uma patrulha norte-americana, e não foi a pique. O submarino italiano foi atacado por aviões da recém-criada Força Aérea Brasileira, mas conseguiu escapar.

O pior, no entanto, estava por vir. O Alto Comando da Marinha alemã já havia recebido ordens para autorizar o ataque a qualquer embarcação no Atlântico Sul, com exceção das argentinas e chilenas, que não haviam rompido as relações diplomáticas com o Eixo. Como no Atlântico Norte e nos mares centro-americanos a guerra submarina aos navios aliados estava cada vez mais difícil, devido à utilização intensiva de patrulhas aéreas e de escoltas em comboios, a extensão da Batalha do Atlântico para as águas ao sul da linha do Equador e para seus navios indefesos foi uma decorrência natural da conjuntura bélica. Em agosto de 1942, dez submarinos alemães deslocaram-se para o litoral brasileiro. No entanto, para evitar que um ataque generalizado pudesse colocar toda a América do Sul contra o Eixo, apenas um dos submarinos, o *U-507*, recebeu ordem para atacar.

O *Baependi* foi sua primeira vítima, em 15 de agosto de 1942. Na mesma noite, duas outras embarcações brasileiras teriam igual destino — o *Araraquara* e o *Aníbal Benévolo*. Morreram 551 pessoas, entre passageiros e tripulantes, apenas nesse dia. Nos quatro seguintes, mais três navios foram afundados (*Itagiba*, *Arará* e *Jacira*), com mais 56 mortes.

A opinião pública reagiu revoltada, com protestos, comícios, passeatas e ataques a clubes, associações e empresas de propriedade de cidadãos dos países do Eixo, nas principais cidades do país. Em 22 de agosto, o Brasil declarava estado de beligerância contra a Alemanha e a Itália. Em 31 de agosto, declarava formalmente guerra a esses países.

Os submarinos do Eixo continuaram atacando no litoral brasileiro. Foram afundados, até o fim da guerra, mais 12 navios brasileiros, perdendo a vida mais 334 pessoas. Dos navios estrangeiros que faziam a rota brasileira, principalmente de bandeira norte-americana e inglesa, 49 embarcações também foram afundadas no litoral do país, com saldo de centenas de mortos.

Para fazer frente a esses ataques, foi organizada a defesa conjunta do litoral brasileiro, com as Forças Aéreas e as Marinhas de Guerra brasileiras e norte-americanas. Quatorze submarinos alemães foram afundados, e o ritmo de ataques do Eixo foi diminuindo até cessar completamente. O destino do *U-507*, que "iniciou" a guerra para o Brasil, não foi melhor: em janeiro de 1943, operando nas Guianas, foi afundado, com toda a tripulação, por um avião de patrulha norte-americano.

O ataque aos navios mercantes brasileiros levou o Brasil à guerra de fato. Um mês depois da declaração formal, as autoridades militares brasileiras já planejavam o envio de uma força expedicionária brasileira para "vingar os brasileiros mortos" nos ataques do Eixo.

Em face dessa conseqüência extrema (o envio de brasileiros para a guerra na Europa), espalhou-se no ar uma dúvida, que até hoje causa alguma polêmica: teriam sido mesmo os alemães que afundaram os navios mercantes brasileiros? Não poderiam ter sido os norte-americanos ou os ingleses, para colocar o Brasil definitivamente entre as forças aliadas?

São dúvidas infundadas. Toda a documentação comprova a autoria alemã dos torpedeamentos. Os registros da Marinha de Guerra alemã são claros e bastante minuciosos — nomes das embarcações afundadas, número de torpedos utilizados, horário, posição, tempo decorrido entre o impacto do torpedo e a submersão total, até o número de baleeiras que sobraram para recolher os sobreviventes. Se os alemães não tivessem a intenção de atacar no litoral brasileiro, teriam negado a autoria dos afundamentos, o que nunca fizeram. As diretivas do Alto Comando da Marinha alemã também são claras a respeito do que os seus submarinos estavam fazendo no Brasil. Além disso, os combates entre as patrulhas aéreas e marítimas aliadas contra os submarinos alemães resultaram no afundamento de vários deles no litoral brasileiro: eles estavam em missão de guerra, não em passeio turístico nas profundezas dos mares do Sul...

Por fim, não há lógica no argumento principal para tal boato — no auge de seu esforço de guerra, Estados Unidos e Inglaterra não precisavam de um "parceiro" que necessitasse ser treinado, vestido, alimentado, armado e municiado, como o Brasil teria de ser. Na verdade, em um primeiro momento, algumas autoridades militares aliadas até tentaram desestimular as pretensões brasileiras. No entanto, o governo brasileiro insistiu no envio de uma força expedicionária, pois além da reparação do ultraje queria melhorar sua posição internacional na mesa de negociações do pós-guerra.

No final de 1942, norte-americanos discutiam a conveniência ou não do envio dos brasileiros para a guerra. Em janeiro de 1943, depois de participar da conferência com chefes aliados em Casablanca, Marrocos, o presidente norte-americano Roosevelt encontrou-se com Getúlio Vargas em Natal, no Rio Grande do Norte. Depois desse encontro, ficou acertada a participação brasileira diretamente nos combates, em local ainda a ser definido.

A cobra vai fumar?

Uma vez decidido o envio de tropas expedicionárias, começaram os problemas para torná-lo realidade. Os planos iniciais previam o envio de um Corpo de Exército, composto por três divisões, totalizando 60 mil homens. As estimativas, no entanto, eram irreais. Em todo o país, o Exército possuía um efetivo de aproximadamente 90 mil homens. Era preciso destacar uma pequena parcela desse contingente para treinar e comandar em combate os milhares de jovens conscritos. Porém, a força terrestre brasileira, em 1942, refletia fielmente as carências de toda ordem de sua sociedade. As armas, munições e equipamentos originavam-se de fornecedores de diversos países, alguns dos quais em guerra contra o Brasil; havia carência de carros de combate, equipamentos de comunicação, engenharia, logística e peças de artilharia até para a defesa das fronteiras contra os tradicionais "inimigos potenciais" do Prata. Equipamentos que já eram usados na guerra, como criptógrafos, teletipos, detectores de minas, unidades de cozinha, limpeza e banho eram completamente desconhecidos por oficiais e praças. Um "novo" exército deveria ser criado para o combate no Mediterrâneo.

O primeiro passo para sua organização seria indicar os comandantes. Nesse caso, as conveniências políticas foram tão ou mais importantes que as necessidades militares. O general Mascarenhas de Moraes foi o escolhido para o comando do que seria a primeira das três divisões de exército a serem enviadas para a guerra. Mascarenhas sempre se mostrara refratário a questões políticas e avesso à procura de popularidade entre a tropa, e mantinha a correção profissional. Não ofereceria, portanto, perigo ao regime, caso retornasse com a tropa vitoriosa.

Um grupo de oficiais, sob o comando de Mascarenhas, foi enviado ao Norte da África e à Itália, em dezembro de 1943, para observar e colher as informações necessárias sobre o tipo de guerra, o terreno de operações e as potencialidades dos aliados e dos inimigos no Teatro de Operações do Mediterrâneo. Desse grupo, alguns ficaram na Itália, em contato permanente com as forças americanas, para operacionalizar o desembarque, o estacionamento e o treinamento dos expedicionários, bem como para prestar ao Exército, no Brasil, informações adicionais sobre a guerra que iriam enfrentar.

A simples observação dos brasileiros acerca da guerra no Mediterrâneo mostrou o quanto estavam despreparados para aquele tipo de conflito. "Esta é uma guerra de ricos", exclamou o futuro comandante, impressionado com a dimensão dos recursos materiais envolvidos. Aquela guerra exigia mais que armas e equipamentos modernos. Os homens que os portavam e manejavam precisavam de aptidão física e intelectual maiores do que aquelas necessárias na Primeira Guerra.

Com essas premissas, iniciou-se o recrutamento. A idéia inicial era selecionar expedicionários de apenas algumas unidades militares que já contassem com treinamento e equipamento de combate satisfatórios, mas o Ministério da Guerra preferiu o recrutamento e seleção intensiva em todo o país. Entre os motivos para tal decisão estavam, por um lado, o receio de retirar a divisão de infantaria estacionada no Nordeste, equipada e treinada, deixando a região vulnerável a um ataque alemão ou mesmo a uma ocupação americana e, por outro, o baixo nível de alfabetização e adequação física das unidades militares brasileiras, em geral. Optou-se, portanto, pela criação de unidades expedicionárias compostas por homens selecionados em todo o território nacional, incluindo-se militares regulares, conscritos convocados e voluntários.

Para tanto, os convocados deveriam submeter-se a exames físicos e psicológicos. Nos primeiros, os critérios eram possuir altura igual ou superior a 1,60 metro, peso mínimo de 60 quilos e pelo menos 26 dentes naturais. Embora parecesse prosaica, a exigência de dentição mínima foi uma das responsáveis pelo elevado número de dispensas.

Imaginava-se selecionar uma "elite" de pelo menos 60 mil aptos, em um contingente de 200 mil convocados. Porém, os resultados dos exames físicos e psicológicos desnudaram um quadro alarmante da situação sanitária da população brasileira. Desnutrição, doenças crônicas, parasitárias, patologias circulatórias, pulmonares e dermatológicas caracterizavam expressiva parcela da população examinada, inclusive praças e oficiais do Exército regular, aprovados nos exames físicos ordinários para ingresso na profissão militar mas com enfermidades incompatíveis para seu uso em combate, tais como daltonismo, pés chatos, doenças respiratórias e circulatórias e até mesmo icterícia, epilepsia e hanseníase, além de psicoses variadas.

O número de aprovados ficou aquém do esperado, problema agravado pelo fato de que, na maior parte dos postos de seleção do país, os critérios já haviam sido bastante relaxados, pela falta de pessoal médico especializado para realizar os exames. A solução encontrada foi diminuir as exigências, e qualificar não somente os considerados na classe "especial", mas também aqueles da classe "normal".

Para agravar a situação, um expressivo número de convocados foi considerado "apto" sem sê-lo, pois havia uma concepção generalizada entre os selecionadores de que os convocados poderiam simular incapacidade física ou mental para escapar da seleção. A conseqüência foi enviar para a Itália algumas centenas de homens incapacitados para os esforços de uma guerra.

Se esses problemas já não fossem suficientes, havia ainda a prática de vários comandantes de unidades do Exército por todo o país de se livrarem de subordinados desafetos e "maus elementos" dos quartéis, enviando-os para a seleção do Corpo Expedicionário. Isto posto, pode-se depreender o grau de "apreço" com que significativa parte dos oficiais considerava as futuras tropas expedicionárias.

Mesmo com todas as facilidades de aprovação e as distorções do planejamento inicial, foram realizadas 107.609 inspeções de saúde, e reprovados 23.236 convocados. Como resultado, durante a guerra na Itália, os expedicionários feridos ou que contraíram doenças em combate tiveram de dividir as atenções e os leitos com aqueles que precisaram realizar, no *front*, o tratamento de doenças que levavam do Brasil.

Uma vez definidos os aprovados nesses exames, iniciou-se uma movimentação entre alguns selecionados para conseguir dispensa do Corpo Expedicionário. Expedientes como o "pistolão" foram freqüentes e beneficiaram principalmente os selecionados das classes média e alta. Estes conseguiam dispensa ou transferência para guarnições de defesa local. Mais chocante foi que tais expedientes também eram usados por militares regulares, que escapavam de ir à guerra, embora fossem remunerados para essa finalidade.

Aos poucos, enquanto muitos dos mais abonados e melhor "relacionados" eram dispensados, e os menos afortunados eram acantonados nos quartéis e recebiam treinamento de combate, foi-se formando o grupo de homens que constituiria a divisão expedicionária que lutaria na Itália. Não era mais a elite planejada, mas o retrato mais fiel do Brasil: jovens trabalhadores rurais e urbanos, provenientes das classes populares, entremeados com alguns membros da classes média e poucos membros da elite. Sua escolaridade média era baixa, sua compreensão do que era aquela guerra e das razões por que lutar nela era, em geral, mínima. Em contraste, entre os estudantes universitários, que capitaneavam comícios e manifestações para o Brasil entrar na guerra, pouquíssimos realmente alistaram-se para o combate. O número de voluntários foi pequeno: pouco mais de mil homens, em um contingente de 25 mil selecionados.

Esses homens foram reunidos em três regimentos (unidade militar que perfazia aproximadamente 5 mil soldados). O restante compunha o Depósito de Pessoal, responsável pelo recompletamento das baixas em combate, e vários órgãos de comando e apoio logístico aos combatentes da linha de frente. O treinamento foi concentrado no Rio de Janeiro, o que obrigou o deslocamento das tropas até a capital federal. Apesar de reunidos, nunca fizeram exercícios de combate como uma divisão, tampouco com o próprio regimento. O treinamento no Brasil foi sofrível, pois, além de os oficiais instrutores estarem desatualizados com o tipo de guerra que se praticava, ainda dependiam da chegada das armas norte-americanas a serem usadas em combate.

As futuras unidades expedicionárias ficaram em quartéis da capital, em condições precárias. Tinham de dividir o espaço com os militares regulares, e logo surgiram conflitos. Além disso, ficavam presos no quartel, sem poder sair. Fugas e saídas não autorizadas foram comuns, nesse período de aquartelamento.

Enquanto isso, a maioria da população brasileira continuava alheia ao destino dos futuros expedicionários. Realmente, não houve uma mobilização nacional para a guerra, com propaganda intensiva e apelo a ações individuais e coletivas para a vitória dos Aliados. Outro fator que contribuiu para a importância secundária das forças expedicionárias nas preocupações cotidianas da população brasileira foi sua proporção demográfica relativamente pequena: eram pouco mais de 25 mil homens em uma população masculina de mais de 20 milhões, ou seja, 0,06% da população brasileira. Apenas a título de comparação, na Guerra do Paraguai 5% da população masculina adulta combateu.

As dificuldades encontradas para seleção, transporte, acomodação e treinamento dos soldados proporcionaram ambiente propício para a circulação do boato, em todo o país, de que as tropas expedicionárias não embarcariam ou de que somente viajariam para encontrar a guerra no final, sem precisar lutar. A própria mudança do nome de "Corpo Expedicionário" para "Força Expedicionária" motivou gracejos: o Brasil não iria mais para a guerra porque tinha "tirado o corpo fora". Outro boato corrente dizia que os inimigos estavam tão pouco preocupados com a possibilidade do envio de tropas brasileiras para o *front* que o próprio

Adolf Hitler teria afirmado que somente quando uma cobra fumasse cachimbo o Brasil conseguiria enviar seus homens para a guerra, tamanha a incapacidade brasileira. Essa é uma das possíveis versões para o surgimento do lema e do distintivo que a Força Expedicionária Brasileira usou na Itália, a "cobra fumando".

Em um ambiente como esse, o embarque das unidades expedicionárias já foi considerado uma vitória. Devido à falta de navios nacionais em condições de levar em segurança a FEB como um todo, as autoridades militares brasileiras tiveram de apelar para os navios-transporte americanos e proceder ao embarque em cinco escalões, com mais ou menos 5 mil homens em cada um.

O primeiro escalão partiu do porto do Rio de Janeiro em 2 de julho de 1944, no navio USS *General Mann*. Poucos sabiam que o escalão iria para a Itália. Durante a viagem desse escalão, bem como dos seguintes, os brasileiros experimentavam o primeiro contato com a organização de guerra norte-americana e comparavam, negativamente, com o que vivenciavam no Brasil. Refeições, exercícios, serviços de limpeza, lazer, tudo rigorosamente organizado e no horário, sem espaço para improvisações ou "jeitinhos".

As tropas brasileiras foram transportadas, vestidas, equipadas, armadas, municiadas, alimentadas e assistidas em suas necessidades pela imensa máquina de guerra norte-americana. Em contato com as tropas norte-americanas, conheceram uma nova sociabilidade militar. Essa convivência produziu comparações pouco favoráveis ao cotidiano vivido nos quartéis do Brasil. Desde os navios-transporte norte-americanos, os expedicionários faziam referências, informalmente, a dois tipos de exército, em tudo diferentes entre si. De um lado, o "Exército de Caxias", aquele que ficara no país, caracterizado por seus quartéis pouco higiênicos, pelas exteriorizações excessivas de disciplina, com pouca serventia para a guerra real, pela maior importância que conferia às perdas materiais do que às baixas de combate; de outro, o "Exército da FEB", baseado no modelo militar norte-americano, mais democrático, no qual as relações humanas entre oficiais e praças visavam a eficiência em combate, e não a exteriorização de uma superioridade social imanente do oficialato.

Quando chegaram a Nápoles, no litoral sul da Itália, em 16 de julho, puderam perceber melhor as dimensões da guerra em que lutariam. O porto estava tomado de carcaças de embarcações abatidas, e na cidade havia uma babel de línguas, fardas e soldados de diversos países.

O primeiro escalão teve uma surpresa desagradável em sua chegada. Como desembarcaram desarmados e trajando fardas verde-escuras semelhantes àquelas dos alemães, os brasileiros foram confundidos com prisioneiros inimigos, e hostilizados pela população local que, pouco depois, percebeu o erro, ao ver negros nas tropas. Aliás, em toda a guerra, as unidades brasileiras foram as únicas racialmente integradas. Havia negros nas tropas norte-americanas, é claro, mas em unidades específicas, sistematicamente segregadas e comandadas exclusivamente por oficiais brancos. Embora possam ser registrados casos de racismo na FEB, e o nosso "racismo cordial" escondesse relações sociais bastante desiguais, soldados de ascendência branca, negra, indígena, asiática e mestiça lutaram lado a lado nas tropas brasileiras.

Nem sempre, porém, a população local hostilizou os alemães e o nazi-fascismo. Em poucos anos, a península itálica passara do apogeu do regime fascista para a ocupação estrangeira de seu território, dividido entre o Centro-Sul, ocupado pelas forças aliadas lideradas pelos Estados Unidos e pela Inglaterra, e o Norte, dominado pelos exércitos germânicos. Lutando inicialmente ao lado do Eixo, os italianos acumularam derrotas militares clamorosas, que culminaram com a invasão aliada na Sicília e na Calábria, contra as tropas locais e as divisões alemãs que ali se instalaram para socorrer o aliado enfraquecido.

Os alemães recuaram até os Montes Apeninos e estabeleceram sólidas linhas de defesa, aproveitando o terreno acidentado, ao ocupar as altitudes e posicionar os fogos de artilharia, morteiros e metralhadoras de maneira a tornar o mais difícil possível o avanço aliado. Essa tática já havia sido bem-sucedida na defesa de

Monte Cassino, elevação situada ao sul de Roma, que resistiu duramente aos ataques sucessivos dos Aliados, alguns meses antes dos brasileiros chegarem à Itália. Durante meses, os Aliados acumularam insucessos na tentativa de conquistar o monte, encimado por um mosteiro medieval que foi reduzido a ruínas pela artilharia constante. Mesmo assim, os alemães somente recuaram quando já não havia mais esperança de manter suas defesas. Mas as lições foram aprendidas: para defender um terreno acidentado, poucos homens e armas certas nos lugares certos são capazes de destroçar unidades inimigas muito mais numerosas e equipadas.

A guerra na Itália possuía outra diferença em relação àquela que se travava, por exemplo, nos campos abertos e relativamente planos do norte e leste europeus: o terreno montanhoso reduzia drasticamente a eficiência dos tanques, atrasava a circulação de tropas e suprimentos, dificultava as comunicações e desestimulava o uso de grandes unidades de exército nas operações. Era o melhor dos mundos para aqueles cuja missão era defender as posições previamente conquistadas e o pior para aqueles destacados para atacar e tomá-las. Os avanços e recuos deveriam ser efetuados por pequenas unidades, como os pelotões (aproximadamente 50 homens, comandados por um tenente) e as companhias (três pelotões e mais algumas pequenas unidades auxiliares, perfazendo pouco menos de 200 homens, comandados por um capitão).

Essa situação configurava uma rotina irritante e perigosa para as tropas brasileiras. O soldado expedicionário fazia freqüentemente patrulhas e ocasionalmente tomava parte de missões específicas. Todos os dias, eram destacados, entre os pelotões e companhias, grupos de soldados que deveriam realizar patrulhas. Havia três tipos básicos delas. A mais freqüente era a de sondagem e informação, na qual os seus integrantes se aproximavam do território dominado pelo inimigo e verificavam seus dispositivos de defesa, as posições que ocupavam, as armas utilizadas, a quantidade de homens etc. Consultavam também habitantes locais e guerrilheiros que lutavam contra o nazi-fascismo, os "*partiggianni*". Deveriam evitar o contato e retornar com as informações para os comandantes. Outro tipo de patrulha era a que visava provocar o atrito com o inimigo, para sondar-lhes "na prática" os dispositivos de defesa e ataque. Finalmente, havia a patrulha mais perigosa, de "golpe de mão", caracterizada por ir até o terreno inimigo e trazer prisioneiros para interrogatório, ou realizar alguma tarefa mais específica, embora secundária para as missões.

O perigo nessas patrulhas era constante. Morrer ou ferir-se eram possibilidades sempre presentes nas incursões a tais espaços desconhecidos, muitas vezes observados atentamente pelo inimigo. Emboscadas, minas terrestres e pequenas armadilhas escondidas em casas, móveis, objetos e até em cadáveres de soldados preocupavam tanto os soldados quanto a troca direta de tiros e granadas. A letalidade só não era maior porque os dois lados evitavam ao máximo abrir fogo, pois tal atitude poderia revelar as posições dos soldados e de suas armas (ninhos de metralhadoras, por exemplo), tornando-os vulneráveis aos tiros da artilharia e dos morteiros inimigos. "Cuidado! O inimigo vê!" era um dos principais lemas, tanto entre soldados aliados quanto entre soldados do Eixo.

Já as missões específicas, em coordenação com outras unidades maiores, consistiam em avançar linhas de defesa inimigas, atacar pontos específicos, ocupar vilarejos ou cidades ou substituir unidades nos pontos já dominados ou a conquistar. Em geral, para preparar os ataques, obtinham-se informações das patrulhas, do esquadrão precursor e da Esquadrilha de Ligação e Observação, unidade composta por aviões de pequeno porte (teco-tecos) que sobrevoavam o terreno inimigo e enviavam as informações para o comando das operações.

Cargas de artilharia geralmente precediam os ataques da infantaria. Se a ofensiva fosse malsucedida, as tropas atacantes deveriam recuar, contabilizar as baixas, socorrer os feridos, recompletar as unidades, as armas e munições, e preparar-se para nova investida. Se os inimigos se rendessem ou recuassem, o ataque poderia ser considerado bem-sucedido. Nesse caso, após a conquista do objetivo, era necessário ocupar o terreno, preparando-se para defendê-lo de contra-ataques dos inimigos desalojados. Para tanto, antes das tropas estacionarem em um local, este precisava ser "varrido" pelas unidades de engenharia, que procuravam por minas e armadilhas escondidas. Os feridos eram encaminhados aos hospitais de campanha, na retaguarda, e nos casos mais graves, a hospitais militares em cidades maiores. Nesses hospitais, enfermeiras voluntárias brasileiras se desdobravam para atender seus compatriotas.

Uma vez consolidada a ocupação, os soldados aguardavam o momento de entrar novamente em ação, o que poderia demorar alguns dias. Entre patrulhas e missões, os expedicionários acomodavam-se como podiam, em casas abandonadas, celeiros, estábulos, abrigos individuais ou em pequenas trincheiras, chamadas pelos soldados norte-americanos de "*fox hole*" (buraco de raposa).

Nesses intervalos, os soldados tentavam desenvolver certas rotinas cotidianas, para enfrentar as privações comuns na guerra. Era freqüente travar contato com os habitantes das vilas e cidades ocupadas. Depois de uma aproximação inicial desconfiada — os alemães haviam espalhado boatos de que os brasileiros, especialmente os negros, seriam capazes das maiores barbáries — as comunidades italianas, em geral, recebiam bem os brasileiros. Ocasionalmente, os soldados das linhas de frente recebiam licenças dos comandantes para descansar da extenuante rotina de combate, o que faziam em cidades com maior infra-estrutura para recepção de milhares de homens ávidos por alguns pequenos confortos, como tomar banhos quentes, dormir em colchões e comer algo menos insosso que as rações de combate.

No entanto, por melhor que fosse o tratamento recebido, era impossível esquecer que estavam em guerra, e que logo entrariam novamente em contato com o inimigo. E este desfrutava de uma legendária fama de combate. Com exceção de algumas poucas e reduzidas tropas fascistas italianas, o inimigo enfrentado pelas tropas brasileiras era o soldado alemão. No confronto com os brasileiros, entre setembro de 1944 e abril de 1945, os alemães já tinham consciência de que a derrota era iminente, mas seu moral e energia para o combate ainda eram bons, pois sabiam que a melhor forma de manterem-se vivos e voltarem para casa continuava sendo combater da melhor maneira possível. Além disso, havia um temor generalizado de que seus familiares na Alemanha sofressem represálias, em caso de deserção.

Suas forças desfrutavam de boas condições de combate, seu armamento e equipamento eram ainda dos melhores produzidos naquela guerra. Eram tropas heterogêneas, que incluíam soldados mais velhos e com experiência na frente russa, reservistas alemães recrutados entre as faixas etárias mais jovens e soldados de várias nacionalidades, de países ocupados durante o avanço germânico.

Nos últimos anos, algumas obras mais críticas em relação à FEB têm argumentado que os brasileiros não enfrentaram os "super-homens" alemães, mas tropas compostas por adolescentes inexperientes e veteranos de guerra cansados. Alguns pontos merecem, portanto, ser esclarecidos. Em primeiro lugar, essa composição era relativamente comum nas tropas alemãs nos últimos anos da guerra, podendo ser encontrada também nas unidades que combateram os Aliados na invasão da Normandia e em algumas unidades da frente russa. Em segundo lugar, de modo algum tal situação configurava vantagem para os combatentes aliados. Estes sabiam — e os novatos brasileiros descobririam logo — que quanto mais experimentado é um soldado melhor é seu desempenho em combate. Por fim, quanto aos recrutas alemães extremamente jovens, é oportuno lembrar que um adolescente com uma arma na mão pode ser tão mortal quanto um adulto — lição que, infelizmente, a violência urbana atual em nosso país ensina todos os dias.

Brasileiros em combate

O 1º Escalão (aproximadamente 5 mil pessoas) desembarcou em Nápoles, em 16 de julho de 1944. Com os escalões seguintes, comporia a Divisão de Infantaria Expedicionária (D.I.E.), que seria incorporada ao 4º Corpo do V Exército Americano, comandado pelo general Mark Clark. Este comandava uma força verdadeiramente multinacional, que reunia americanos, ingleses, poloneses, canadenses, indianos, neozelandeses e brasileiros, entre outros.

A missão das tropas brasileiras era essencialmente tática, como o era a de todo o V Exército de Mark Clark. Do ponto de vista estratégico, o setor em que a FEB lutaria não seria "decisivo" para a sorte da campanha aliada na Itália, embora isso não queira dizer que pudesse ser desprezado e deixado aos alemães. A interdependência das frentes de batalha faz com que o soldado empregado em uma frente "secundária" seja tão útil e necessário quanto aquele que está na "principal". Os soldados brasileiros, norte-americanos ou ingleses que estavam em patrulhas nas montanhas geladas da Itália no inverno de 1944-1945 desempenhavam a sua parte na guerra, do mesmo modo que os combatentes americanos que transpiravam abundantemente em alguma ilha do Pacífico, ou que os soldados que desembarcaram na Normandia.

A interdependência atingia também outras armas. Quando os soldados brasileiros estavam se preparando para entrar em ação, os aviadores do 1º Grupo de Aviação de Caça já contavam com muitas horas de vôo e guerra no litoral brasileiro, caçando submarinos do

Eixo e realizando patrulhas. Haviam recebido treinamento de combate aéreo nos Estados Unidos, e lá criaram o distintivo e o lema que identificaria o grupo, "Senta a Pua". Na Itália, ficaram subordinados à Força Aérea do Exército dos Estados Unidos.

Embora estivessem preparados para o combate aéreo contra caças alemães, estes não estavam mais na Itália, pois haviam sido deslocados para outras frentes da guerra. Os únicos encontrados foram abatidos pelos brasileiros, mas em terra. As missões dos aviadores brasileiros consistiam em fazer ataques nas linhas de frente e nas retaguardas das forças alemãs, bombardeando suas posições de artilharia e suas vias de suprimentos e comunicações, depósitos de munições e de combustíveis. Devido às más condições do tempo, não puderam auxiliar a infantaria brasileira em algumas missões difíceis, como a tomada de Monte Castelo. Quando puderam, finalmente, lutar em articulação com os homens do Exército brasileiro, na quinta tentativa de conquistar a elevação, o objetivo foi alcançado. Ao final da guerra, a avaliação do desempenho do Grupo de Caça brasileiro foi excelente, segundo os comandantes da unidade norte-americana aos quais estavam subordinados.

Voltando às forças terrestres: após um curto período de treinamento e adaptação a equipamentos, armas e terreno de operações, as forças brasileiras do 1º Escalão iniciaram suas ações contra as defesas alemãs estacionadas nos vales dos rios Arno e Reno, nas proximidades de Pisa e Florença. A idéia dos comandos era empregar inicialmente a FEB em um setor calmo da frente de batalha, através de ações de patrulha e pequenas ofensivas. À medida que os escalões iniciais fossem conquistando experiência de combate e os demais escalões lhes fossem agregados, as ações começariam a assumir proporções e responsabilidades maiores. Destarte, em setembro de 1944 foram conquistadas as primeiras posições e registradas também as primeiras baixas. A progressão continuou para as forças brasileiras, que foram aos poucos completadas com os escalões subseqüentes — somando ao final o montante aproximado de uma divisão de exército, num total de 25 mil homens, dos quais 10 a 15 mil diretamente envolvidos em combate. Deve ser ressaltado que, ao contrário do 1º Escalão, as tropas seguintes foram encaminhadas à luta praticamente sem treinamento nem adaptação ao armamento e ao terreno.

Enquanto os brasileiros adaptavam-se gradualmente à guerra nas montanhas e vales italianos, os alemães, bem localizados nas alturas, tinham posição privilegiada para alvejar quem se aproximasse de suas posições. Embora não tivessem a fartura material dos brasileiros, possuíam suprimentos de combate em quantidade suficiente para manter brasileiros, norte-americanos, ingleses e outros longe de suas posições, ou pelo menos para fazê-los pagar com pesadas baixas cada conquista territorial.

A partir de novembro de 1944, a divisão expedicionária brasileira encaminhou-se para a ofensiva sobre Monte Castelo, a oeste de Bolonha, cume situado em uma região na qual os alemães mantinham posição bastante sólida, com defesas bem situadas também nos montes Belvedere, Gorgolesco e Della Toraccia. Tais fortificações visavam proteger o flanco sudeste de Bolonha e evitar que as tropas aliadas conquistassem o livre acesso ao vale do rio Pó pela estrada 64. A cidade de Bolonha era considerada importante para o esforço dos Aliados na campanha italiana, pois conquistá-la significaria abrir o acesso para o Passo de Brenner, na fronteira com a Áustria, e assim comprometer o recuo alemão para se juntar a possíveis reforços em outras frentes.

Como atacar e conquistar tais posições? É muito mais fácil e seguro defender posições elevadas, com o campo de tiro livre, do que atacá-las, tendo de combinar o movimento de tropas, armas e suprimentos. Experiências anteriores, como a da árdua conquista de Monte Cassino, alguns meses antes e a algumas centenas de quilômetros dali, mostraram a temeridade dos ataques frontais a posições elevadas. No entanto, entre 24 de novembro e 12 de dezembro, foram realizadas pelos brasileiros quatro tentativas frontais de conquistar a elevação, sem sucesso e com assustador número de baixas.

A chegada do inverno ofereceu uma "trégua" informal aos combatentes brasileiros, e a situação pôde ser melhor avaliada e planejada. Finalmente, depois de combinada a manobra conjunta com a Divisão de Montanha americana (que deveria tomar o vizinho Monte Belvedere) e do apoio aéreo da FAB e da artilharia, o Monte Castelo foi tomado, em 21 de fevereiro de 1945.

Monte Castelo é o maior símbolo e mito das ações da FEB. Muitas das histórias que o cercam originam-se na série de dificuldades enfrentadas pelos brasileiros para tomar a posição indicada. Erros táticos grosseiros dos oficiais superiores, falta de apoio logístico e de retaguarda, além de um dos piores invernos da década naquela região da Itália (a temperatura chegou a 20 graus abaixo de zero), conferiram à luta pelo Monte Castelo um aspecto dramático e épico, muito explorado depois. Essas histórias e memórias da FEB, no entanto, geralmente ressaltam os aspectos heróicos, deixando as mazelas e as origens dos problemas em segundo plano.

Após as difíceis lutas pelas montanhas dos Apeninos, os expedicionários brasileiros tiveram de conhecer e enfrentar outro tipo de combate, tão ou mais letal que o primeiro: o combate urbano, no qual atravessar a rua ou dobrar uma esquina eram manobras arriscadas. Foi na localidade de Montese que os expedicionários enfrentaram o maior número de baixas em sua campanha, em 14 de abril de 1945. Boa parte delas ocorreu nas cercanias da cidade, em combates violentos com os alemães.

Duas semanas depois da conquista de Montese, após algumas ágeis manobras de perseguição, a divisão brasileira conseguiu a rendição da 148ª Divisão de Infantaria Alemã, fazendo aproximadamente 15 mil prisioneiros. Isso era pouco usual na guerra travada na Itália, uma vez que as rendições se davam por unidades menores, como companhias ou batalhões, raramente atingindo regimentos.

Em 2 de maio, as tropas alemãs se rendiam incondicionalmente em toda a Itália. A guerra terminava para os brasileiros. Enquanto ela durou, 443 expedicionários morreram, em diversas circunstâncias, na frente ou na retaguarda. A FEB permaneceu até 3 de junho como tropa ocupante e depois retornou ao Brasil.

Em um balanço sobre a atuação da FEB em combate, seu desempenho pode ser equiparado ao das melhores unidades aliadas envolvidas na frente italiana. Tropas novatas costumam cometer muitos erros no início, e os expedicionários brasileiros, assim como ocorrera antes com os ingleses nos desertos da África e com os norte-americanos na Tunísia, tiveram de aprender com seus reveses. Seu aprendizado, rápido, foi no próprio combate, e se saíram bem, dentro das limitações próprias de uma divisão de Exército, em meio a outras 125 divisões do Exército Aliado na Europa.

Conseqüências da participação brasileira na guerra

A guerra chegara ao Brasil, e tinha sido necessário responder às novas contingências internacionais, às dificuldades de importação de mercadorias, produzir para os Aliados, ceder a eles o uso das bases aéreas e navais estratégicas, combater os ataques do Eixo no litoral e enviar uma força expedicionária para participar ativamente na guerra. Todo esse envolvimento, quando a guerra acabou, produziu conseqüências importantes, algumas imediatas, outras duradouras.

Em termos econômicos, foi conquistada uma base para o desenvolvimento industrial no país, com a construção do complexo siderúrgico de Volta Redonda. Mas a economia brasileira, inserida na reorganização mundial do capitalismo pós-guerra, manteve sua fragilidade e dependência estruturais.

Uma das motivações brasileiras para enviar tropas combatentes era a de conquistar um lugar de destaque na política internacional do pós-guerra. No entanto, ao recusar o uso de suas tropas como forças de ocupação na Europa destruída pelo conflito, perdeu a oportunidade da ganhar importância nessa reordenação mundial. Mesmo no continente, a aliança com os Estados Unidos não produziu os efeitos que se desejava, ou seja, uma proeminência brasileira na América do Sul, como aliado preferencial dos norte-americanos.

Antes mesmo da guerra terminar, mudanças nos responsáveis pela política externa dos Estados Unidos e do Brasil alteraram as expectativas que cada governo tinha com relação à aliança conseguida para a guerra. Além do mais, aos Estados Unidos, como potência hegemônica do mundo capitalista, não interessava compartilhar o poder político no continente sul-americano com o Brasil ou com qualquer outro país.

Na política interna, a participação na guerra significou a erosão do Estado Novo. Novos grupos políticos, na maioria conservadores e anti-Vargas, cresceram durante a guerra, em oposição a um governo que anteriormente apoiaram, quando o "perigo vermelho" justificava o fim dos direitos democráticos que agora tanto reivindicavam. Nessa reação conservadora, da qual participaram muitos que ajudaram a construir o Estado Novo, Vargas foi deposto, em 29 de outubro de 1945.

A volta da Força Expedicionária Brasileira, vitoriosa contra o nazi-fascismo, foi transformada, por esses grupos políticos que assumiram o poder, em símbolo da resistência contra o regime de Vargas e contra o populismo que ele representara. Quase vinte anos depois, em 1964, os mesmo grupos conservadores, aliados a outros em ascensão, tomaram o poder com o golpe militar, e utilizaram a memória da participação brasileira na guerra como um dos pilares de sua legitimação histórica. Na guerra, diziam, combateram o totalitarismo. Quando voltaram, derrubaram sua versão nacional, o Estado Novo. Em 1964, davam continuidade à sua luta, agora contra o populismo de João Goulart.

Mas essa era apenas uma parcela reduzida de oficiais militares, muitos já envolvidos politicamente antes da guerra. A maioria esmagadora dos brasileiros que lutaram na Europa não participou dessas articulações, e não obteve quase nenhum benefício de sua condição de veterano de guerra. Muito pelo contrário, aqueles milhares de homens que realmente participaram da luta tiveram como principal recompensa o esquecimento.

Para entendermos as conseqüências que a guerra trouxe para aqueles que efetivamente participaram dela, é necessário lembrar que a maioria dos expedicionários foi recrutada no meio civil, nas classes mais empobrecidas e de menor escolaridade. Foram tirados de seus empregos, das escolas, de suas famílias, treinados e embarcados para a guerra. Por lei, teriam o direito de retomar seus empregos e estudos no retorno ao país.

Vitoriosos, os expedicionários foram recebidos com grandes festas e homenagens, nas maiores concentrações populares de toda a história brasileira recente. No entusiasmo da recepção, vantagens e direitos foram prometidos para os agora ex-combatentes.

O tempo passou, e começaram a surgir as dificuldades de reintegração social. Não houve, nem por parte do governo, nem da sociedade brasileira em geral, preparação para receber os jovens que voltavam. Estes, que viveram a experiência-limite que é participar de uma guerra, estavam naturalmente mudados. A maioria conseguiu retornar às rotinas da vida familiar e cotidiana sem muitos problemas. Uma parcela dos ex-combatentes, no entanto, encontrou dificuldades na readaptação às rotinas da vida civil, agravadas pela concepção popular de que voltaram "neuróticos de guerra". Alcoolismo e violência doméstica dificultavam a reintegração social. As pessoas já não queriam mais ouvir suas histórias de guerra, e não era raro ao ex-combatente ouvir de populares que o período passado na Itália foi mais um "passeio" que uma guerra de verdade.

Os maiores problemas surgiram, contudo, na reintegração profissional. As leis que determinavam a retomada dos empregos nem sempre eram cumpridas, e, mesmo quando isso acontecia, eram freqüentes as dispensas depois da readmissão, sob argumento de inadaptação, incompetência ou problemas de relacionamento. Ainda havia o fato de que muitos dos expedicionários tinham sido convocados justamente na faixa etária de aprendizagem profissional. Quando voltaram da guerra, não tinham emprego nem formação. Segundo as associações de ex-combatentes criadas logo após o seu retorno, o desemprego entre os veteranos brasileiros era contabilizado aos milhares.

Essa situação contrasta com a de seus colegas de linha de frente, os veteranos de guerra norte-americanos, que apesar de somarem milhões e de representarem um alto custo para os cofres públicos, tiveram do governo de seu país um programa completo de reintegração social e profissional.

No Brasil, o governo tentou solucionar o problema decretando leis, cujo cumprimento nunca foi seguido à risca. Apenas em 1988, com a nova Constituição Federal, os veteranos de guerra conquistaram o direito de uma pensão especial, como reconhecimento de seus sacrifícios na linha de frente. Os benefícios, no entanto, chegaram tarde demais para a maioria deles: dos 25 mil expedicionários, pouco menos de 10 mil ainda estavam vivos quando o reconhecimento foi aprovado. Ao esquecimento histórico de sua participação na guerra, acrescentou-se o esquecimento concreto, material.

Por conta de uma confusão política e histórica, nem sempre bem-intencionada, a imagem dos ex-combatentes brasileiros foi associada aos militares que participaram do golpe de 1964. Devido a essa identidade equivocada — afinal, a FEB reunia em suas fileiras brasileiros de todas as classes sociais, regiões, etnias e posições políticas, inclusive comunistas — a memória da FEB tem sido questionada. Num esforço de revisionismo histórico, foi colocada em dúvida até a efetiva contribuição da FEB para a campanha dos Aliados, na frente italiana. É imperioso desfazer esse equívoco.

Pesquisas históricas sérias, com metodologias adequadas, e que tentam manter-se distantes de preconceitos, mostraram que, se a atuação brasileira não foi decisiva para a vitória dos Aliados na Itália — e jamais poderia ser a de qualquer divisão de exército isolada, em meio a outras 23 divisões no mesmo Teatro de Operações — tampouco sua importância foi nula. Colocá-los como um ridículo exército brancaleônico ou ressaltar apenas seus problemas diz muito mais a respeito dos autores do que da própria FEB. É também um erro afirmar que a participação brasileira, com pouco mais de 25 mil homens, foi "simbólica". Não há nada simbólico na perda da vida de centenas de jovens, e nas marcas indeléveis que o horror da guerra deixou para os outros milhares de combatentes que retornaram ao Brasil. Soldados, aviadores e enfermeiras combateram o nazi-fascismo e deram de si a contribuição máxima que se pode exigir de um cidadão: defender a pátria com o risco da própria vida. Sua contribuição pode ter sido pequena, se comparada com as cifras de milhões que a Segunda Guerra Mundial exibiu. Mas não há relativismo histórico que anule o pequeno mas significante lugar que conquistaram na história da humanidade. Se não fosse por indivíduos como esses, lutando em todo o mundo contra a barbárie fascista, o presente livro jamais poderia ser escrito.

Cronologia

1939

1 set. Começa a guerra, com a invasão da Polônia.

4 set. Decretado bloqueio naval britânico: a partir de então, o comércio da América do Sul com a Europa declina sensivelmente.

1940

10 mai. Alemães iniciam a invasão da França.

11 jun. Discurso de Getúlio Vargas a bordo do encouraçado *Minas Gerais*.

30 jun. A vitória alemã na França pressiona os Estados Unidos a apoiarem concretamente a siderúrgica.

26 set. Aprovado pelo governo norte-americano o empréstimo de 20 milhões de dólares para a construção de uma usina siderúrgica no Brasil.

1941

31 mar. Início da ofensiva alemã no Norte da África; intensificam-se as pressões norte-americanas para a conclusão das obras nos aeroportos e bases sul-americanos.

mai. A Alemanha consegue de Vichy a utilização de Dakar como base dos submarinos do Eixo.

7 dez. Japoneses atacam Pearl Harbor, no Havaí.

18 dez. Chegada de tropas e técnicos norte-americanos em Natal e Recife.

1942

15 a 28 jan. Conferência do Rio de Janeiro: Brasil e a maioria dos latino-americanos rompem com o Eixo.

15-17 ago. Submarino alemão ataca e afunda seis navios mercantes brasileiros nas costas do Nordeste do país (*Baependi*, *Araraquara*, *Aníbal Benévolo*, *Itagiba*, *Arará* e *Jacira*).

22 ago. Brasil declara estado de beligerância contra Alemanha e Itália.

31 ago. Brasil declara estado de guerra contra Alemanha e Itália.

dez. Exército manifesta apoio à iniciativa de enviar expedicionários para a guerra, de preferência no Norte da África.

1943

28 jan. Encontro de Roosevelt e Vargas, em Natal.

mar. Confirmada a decisão de que o Brasil enviará tropas ao exterior.

1944

4 jun. Roma é tomada pelos Aliados.

6 jun. Dia D: Invasão Aliada na Normandia.

16 jul. Chegada do 1º Escalão da FEB a Nápoles.

15 set. Brasileiros entram na linha de frente, substituindo tropas norte-americanas.

1945

21 fev. Após quatro tentativas frustradas, brasileiros tomam Monte Castelo.

14 abr. Brasileiros tomam Montese.

26-30 abr. Vitórias em Collechio e Fornovo; rendição da 148ª Divisão de Infantaria alemã.

2 mai. Rendição de todas as tropas alemãs que combatiam na Itália.

8 mai. Fim da guerra na Europa; "Dia da Vitória".

Referências, fontes e sugestões de leitura

• Para uma visão de conjunto, utilizei-me dos livros de Manoel Thomaz de Castelo Branco, *O Brasil na Segunda Grande Guerra* (Biblioteca do Exército Editora, 1960), Frank McCann, *Aliança Brasil-Estados Unidos, 1937-1945* (Biblioteca do Exército Editora, 1995) e Ricardo Bonalume Neto, *A Nossa Segunda Guerra: os brasileiros em combate, 1942-1945* (Expressão e Cultura, 1995).

• Sobre a disputa diplomática e a progressiva adesão dos brasileiros aos Aliados, além do livro de McCann, utilizei as obras de Gerson Moura, *Sucessos e ilusões: Relações internacionais do Brasil durante e após a Segunda Guerra Mundial* (Editora da Fundação Getúlio Vargas, 1991), e Ricardo Seitenfus, *O Brasil vai à guerra: O processo de envolvimento brasileiro na Segunda Guerra Mundial* (Manole, 2003, 3ª ed.)

• Sobre o "*front* interno", a economia de guerra e suas conseqüências, baseei-me em Roney Cytrynowicz, *Guerra sem guerra: A mobilização e o cotidiano em São Paulo durante a Segunda Guerra Mundial* (Geração Editorial/Edusp, 2000), e nos artigos de Cézar Teixeira Honorato e Geraldo Beauclair, "A economia brasileira durante a Segunda Guerra Mundial", incluído no livro organizado por Osvaldo Coggiola, *Segunda Guerra Mundial: Um balanço histórico* (Xamã/FFLCH/USP, 1995), e de Fausto Saretta, "A política econômica brasileira (1946/1950)", publicado na *Revista de Sociologia e Política* (Curitiba, UFPR, nº 4/5, 1995).

• Sobre a invasão cultural norte-americana, ver Antonio Pedro Tota, *O Imperialismo sedutor: A americanização do Brasil na época da Segunda Guerra* (Companhia das Letras, 2000) e Gerson Moura, *Tio Sam chega ao Brasil* (Brasiliense, 1985).

• A bibliografia sobre a FEB é relativamente grande, devido principalmente aos numerosos livros de memórias escritos por veteranos. Um bom guia para pesquisa em fontes documentais diversas, embora naturalmente desatualizado (sua edição é de 1958) é o ensaio de Francisco Ruas Santos, *Fontes para a história da FEB* (Biblioteca do Exército Editora, 1958). Entre as memórias dos expedicionários, vale a pena ler o *Depoimento dos Oficiais da Reserva sobre a FEB*, de vários autores (São Paulo, s/ed., 1949), *Cruzes brancas: Diários de um pracinha*, de Joaquim Xavier da Silveira (José Olympio, 1947) e *Guerra em surdina*, de Boris Schnaiderman (Brasiliense, 1986).

• Sobre a FEB em combate, ler o livro de Cesar Campiani Maximiano, *Onde estão os nossos heróis? Uma breve história dos brasileiros na 2ª Guerra* (São Paulo, Ed. do Autor, 1995). A polêmica sobre o desempenho dos expedicionários brasileiros em combate ganhou projeção com o livro do jornalista William Waack, *As duas faces da glória: a FEB vista por seus amigos e inimigos* (Nova Fronteira,

1985). Sobre o retorno dos expedicionários, sua difícil reintegração social e as apropriações políticas da memória da FEB, remeto ao meu estudo de doutorado, *A guerra que não acabou: A reintegração social dos veteranos da Força Expedicionária Brasileira, 1945-2000* (FFLCH, História/Universidade de São Paulo, 2003).

Sobre o autor

Francisco César Alves Ferraz nasceu em Bauru, São Paulo, em 1964, e é professor do Departamento de História da Universidade Estadual de Londrina, Paraná (UEL), membro do Núcleo de Política e Estratégias (Naippe) da Universidade de São Paulo e coordenador do Grupo de Pesquisa em História Contemporânea da UEL.

Fez sua graduação (1989) e mestrado (1994) em História na Universidade Estadual Paulista (Unesp), em Assis, São Paulo. É Doutor em História pela Universidade de São Paulo (2003), onde pesquisou a reintegração social e a memória coletiva dos veteranos brasileiros da Segunda Guerra Mundial.

Além de vários capítulos em obras coletivas e artigos em periódicos especializados, publicou, pela Editora da UEL, *À sombra dos carvalhos: Escola Superior de Guerra e política* (Londrina, 1997).

Também atua na área de Ensino de História. É membro do Laboratório de Ensino de História da UEL e tem publicada, em co-autoria, uma coletânea de documentos históricos para o Ensino de História (*Documentos em História: Do fragmento à totalidade*. Cascavel: Editora da Unioeste/MEC/SESu, 2 vols., 1994 e 1996).

Coleção Descobrindo o Brasil

direção: Celso Castro

A modernização da imprensa (1970-2000)
Alzira Alves de Abreu

O Brasil no império português
Janaina Amado e Luiz Figueiredo

Os intelectuais da educação
Helena Bomeny

A era do rádio
Lia Calabre

A invenção do Exército brasileiro
A proclamação da República
Celso Castro

O Estado Novo
Maria Celina D'Araujo

A belle époque amazônica
Ana Maria Daou

O livro e a leitura no Brasil
Alessandra El Far

O pensamento nacionalista autoritário
Boris Fausto

Os índios antes do Brasil
Carlos Fausto

Os brasileiros e a Segunda Guerra Mundial
Francisco César Ferraz

Rebeliões no Brasil Colônia
Luciano Figueiredo

Palmares, ontem e hoje
Pedro P. Funari e Aline V. Carvalho

A arte rupestre no Brasil
Sambaqui: arqueologia do litoral brasileiro
Madu Gaspar

As formas do espaço brasileiro
Pedro Geiger

Cidadania e direitos do trabalho
Angela de Castro Gomes

Negros e política (1888-1937)
Flávio Gomes

Código Civil e cidadania
Keila Grinberg

Como falam os brasileiros
Yonne Leite e Dinah Callou

Uma viagem com Debret
Valéria Lima

O nascimento da imprensa brasileira
Isabel Lustosa

Escravidão e cidadania no Brasil monárquico
Hebe Maria Mattos

Os evangélicos
Clara Mafra

O sindicalismo brasileiro após 1930
Marcelo Badaró Mattos

Da Bossa Nova à Tropicália
Santuza Cambraia Naves

Arqueologia da Amazônia
Eduardo Góes Neves

O Brasil dos imigrantes
Lucia Lippi Oliveira

Política externa brasileira
Leticia Pinheiro

Ditadura militar, esquerdas e sociedade
Daniel Aarão Reis

A Independência do Brasil
Iara Lis C. Souza

Partidos políticos no Brasil (1945-2000)
Rogerio Schmitt

O Império em procissão
Lilia Moritz Schwarcz

Modernismo e música brasileira
Elizabeth Travassos Lins

A fotografia no Império
Pedro Karp Vasquez

Brasil de todos os santos
Ronaldo Vainfas e Juliana Souza